LOS BEBÉS DE LA SELVA

LOS LÉMURES CACHORROS

por Genevieve Nilsen

TABLA DE CONTENIDO

I0807996

tadpole en español

PALABRAS A SABER

anillos

cachorro

cola

come

fruta

ojos

LOS LÉMURES CACHORROS

¡Este es un lémur cachorro!

Tiene los ojos grandes.

cola

Tiene la cola larga.

¡Su cola tiene anillos!

Los anillos son blancos y negros.

Va montado sobre mamá.

Busca comida.

Come fruta.

¡Mmm!

¡REPASEMOS!

Este lémur tiene blanco y negro en su cola. ¿Qué otros colores aparecen en su pelo?

ÍNDICE